Raffronto Tra L'edipo Re Di Sofocle E L'edipo Di Seneca ...... - Primary Source Edition

Domenico Vasconi

ALL'EGREGIO ISTRIANO

DOTT. C. A. COMBI

PROFESSORE DI DIRITTO

M. E. DEL R. ISTITUTO VENETO

FERVIDO, SOLERTE PATRIOTTA

QUESTO POVERO SAGGIO

DE' MIEI STUDI

CON AFFETTO RICONOSCENTE

DI DISCEPOLO E CONCITTADINO

DEDICO.

I.

La drammatica è l'arte per eccellenza, è tutta l'arte; e si manifesta per mezzo di rappresentazioni dialogizzate. Questa forma d'arte è quella che più spontanea e prima d'ogni altra esce dalla fantasia umana. Il bambino è artista drammatico prima ancora di avere il più lieve barlume di nozione di altre forme dell'arte, quando tenta riprodurre suoni e canti ch'ebbe a udire; e quando con una matita, o con un pezzo di carbone scarabocchia sul muro o sulla carta le fattezze del babbo e della mamma, egli è già avanti nell'arte drammatica.

Il motivo si è che la drammatica risponde meglio all'istinto imitativo; epperò Platone la chiama *arte imitativa*.

Come nell'infanzia dell'uomo, così avviene nell'infanzia di un popolo. Il primo albeggiare della coscienza storica è accompagnato da una drammatica rudimentale. Dessa risale alle generazioni preistoriche, la cui fantasia viene colpita da ricordi cari o spaventosi, da benefici civilizzatori, come da feroci distruttori; e questi e quelli sono l'argomento di questa drammatica primitiva.

Presso tutti i popoli dell'antichità noi troviamo queste prime manifestazioni dell'arte drammatica, la quale ordinariamente nasce di mezzo alle cerimonie religiose, ed ha per contenuto la tradizione *cosmogonica*, quindi il *mistero*. Ogni barbarie potendo considerarsi come l'infanzia di un popolo, che è inconscio dell'esser suo, il *mistero* è sempre la prima drammatica che sorge al diradarsi delle tenebre. Quindi il crepuscolo della civiltà è salutato dal manifestarsi del mistero religioso. Così la Palestina, l'Arabia, la China, l'India, l'Egitto, la Fenicia cominciano la loro storia con un *mistero*. In Grecia erano molteplici i misteri religiosi, che si vuole sieno stati importati dall'India: il *mistero* di Bacco è il più importante di tutti; la prima parola drammatica ne è il *ditirambo*.

Dapprincipio questa drammatica ha per catastrofe le vittime, è sanguinaria; poi viene poco a poco mitigandosi. I Greci spogliarono il mistero drammatico della solita ferocia e vennero vestendolo dei colori dell'umanità; esso sentì il bisogno di uscire all'aperto, di parlare alle moltitudini. Il *mistero* di Bacco diventa cerimonia atta a solennizzare avvenimenti allegri, sereni, festevoli. Il mito di Bacco ha per contenuto le vicende del figlio di Giove e di Semele, allegro maestro di civiltà per via dell'agricoltura, in particolar modo della coltivazione della vite. L'invenzione del vino dovette essere accolta con grande entusiasmo, atteso il grande benefizio che arrecava all'umanità.

Le vittime dapprima venivano sacrificate dalla mano del sacerdote; poi si disse alle vittime: *uccidetevi*, e si sgozzavano lottando tra di loro; quindi i gladiatori nei *circhi* romani.

Queste lotte formarono parte della dammtica del mistero. Ma presso i gentili Greci alle lotte vere si sostituirono le lotte simulate, l'emulazione della gagliardia e della agilità, onde la robusta eleganza del nudo, ossia la ginnastica atletica. E volendo pur qualche cosa conservare dell'antico, alla vera vittima si sostituì il mite simbolo della vittima, il τράγος; onde la drammatica del mistero ebbe il nome di *tragedia* (1)

La drammatica ne' suoi primordì dovette essere semplicemente plastica, poi mimica; indi ai gesti, alla danza si unirono espressioni sonore, o musicali. La musica coi suoni suoi onomatopeici, colla sua armonia imitativa concorreva ad ispirare il sacro raccoglimento. La musica, la mimica, la danza, unite assieme, pur esprimendo certe generalità di concetto, serbano l'indeterminatezza voluta dal *mistero*.

Dopo la musica, la mimica e la danza venne la parola, che bentosto primeggiò sulle altre.

La parola, dovendo rispondere ai gesti, alle sonorità musicali, fu regolata da certe norme metriche, fu misurata anch'essa, divenne poesia. La tragedia greca era dunque un misto di poesia, di musica, di danza. (2)

Colla parola il *mistero* cessò di esser sacro; il velame dell'oscurità si squarciò; la drammatica del mistero divenne drammatica profana. E allora si pensò di costruire il tempio dell'arte, il teatro. Di qui un antagonismo tra il sacerdote e il poeta, tra il drammaturgo

(1) Tragedia significherebbe *canto del caprone* — da τράγος; capro e da ψδή *canto*, non già, come vogliono alcuni, perchè il premio al vincitore nei certami drammatici consistesse in un capro, ma perchè nelle feste *dionisiache* s'immolava un capro, come animale infesto alle viti. Il premio al vincitore era un tripode.

(2) Il nostro melodramma avrebbe molti punti di contatto coll'antica tragedia; in questa però la poesia avea il primo posto, la musica e la danza erano ancelle della poesia. Una tragedia al modo nostro non sarebbe stata tollerata in Grecia.

sacro ed il laico. Il sacerdote per conservare il mono-
polio della drammatica del mistero allegava buoni titoli; nel tempio i tesori, frutto dei donativi, che ne
rappresentavano la rendita; il tempio la sede del nume,
ecc. ecc. Il poeta avea pure le sue buone ragioni. La
vinse il poeta, l'artista.

Secolarizzata la drammatica, il contenuto rimanea
sempre mitologico, religioso. Il figlio di Giove, Bacco,
ne era sempre il protagonista.

Una prima riforma del contenuto drammatico la
si deve ai tragici, che chiameremo Tespiani, da Tespi
d'Icaria, il più grande di essi.

Ma prima della riforma tespiana, la tragedia primitiva avea già mutato alcunchè e nella forma e nella
sostanza.

Nata, al pari della commedia, tra le feste dionisiache, e più particolarmente derivata dal *coro ditirambico*
(1), la tragedia per lungo tempo non fu più che il *ditirambo*, cioè il complesso di quei cori, di quelle canzoni, con cui venivano solennizzate le feste di Bacco;
le quali non sempre erano allegre e chiassose, ma talvolta esprimevano anche i patimenti e i dolori del nume.

Dai pochi frammenti che si hanno del *ditirambo*,
pare che avesse carattere lirico e mimetico; che il coro
cantasse, e il capo-coro esponesse cantando le vicende
di Bacco. Dapprincipio il *ditirambo* veniva improvvisa-
to. Arione di Metinna diede a questo componimento
forma stabile. Fissò i modi della musica e della danza;
portò il coro a cinquanta uomini, che cantavano dan-
zando intorno all'altare di Bacco. Stabilì che il metro
fosse il *tetrametro trocaico*; regolò la danza con passi
ritmici intorno all'ara. Giunto a un certo punto il coro
si volgeva indietro; onde le *strofe*, le *antistrofe*

(1) Aristotele

I soggetti dei cori ditirambici non sempre furono tolti dal mito di Bacco. Erodoto racconta che ai tempi di Clistene il popolo preferì leggende che riguardavano altri culti. Ma Clistene, che in ciò vide un tentativo diretto contro di lui, fece far ritorno all'antico mito di Bacco; tanto il culto dionisiaco era strettamente collegato colla vita politica e civile del popolo greco.

Ma la vera riforma della tragedia è opera di Tespi, vissuto ai tempi dei Pisistratidi. Alla narrazione per mezzo di strofe, antistrofe, ed epodi cantati dal coro (1) sostituì la narrazione per mezzo di dialoghi tra il coro e il *personaggio*. Egli aggiunse nel coro ditirambico un attore, ὑποκριτής *interprete*, *espositore*; ufficio del quale, secondo alcuni, era di rispondere al corifeo, o capo-coro, e formare con lui un dialogo; secondo altri, di rispondere al coro, perchè questo potesse riposarsi. Secondo i più l'ufficio di questo primo attore si era di ajutare la spiegazione del fatto. Ecco il primo passo ed il più importante; era nato il dialogo; e un attore non era poca cosa, come a prima giunta sembrerebbe, ove si consideri ch'egli rappresentava non una sola, ma più parti, trasvestendosi sott'altro costume e sviluppando caratteri diversi.

Questo quanto alla forma. Quanto alla sostanza poi Tespi operò una grande rivoluzione, la quale, atteso il carattere del culto di Bacco testè accennato, non è solo una rivoluzione artistica, ma anche una vera rivoluzione politica, civile, religiosa, come quella la quale al protagonismo divino sostituì il protagonismo uma-

(1) I Dori furono i primi ad accogliere il mito di Bacco, il quale ebbe nel Peloponneso un culto fanatico, orgiastico; quivi, specialmente negli Statj dorici, prevalsero i cori ditirambici, tanto che anche nella tragedia attica, il coro, che ne costituiva il fondamento, era scritto in dialetto dorico.

tto; e ciò è tanto vero, che Solone si oppose a siffatta riforma di Tespi. Ma Tespi non si sgomenta, procede impavido, e vince; getta quel seme della tragedia, che feconderà il genio de' suoi imitatori, nonchè di Eschilo, Sofocle, Euripide.

Nel suo *Penteo* Tespi detronizza Bacco e innalza l'uomo al livello della divinità. Bacco non è più il protagonista, ma Penteo, un re, un uomo, e quel ch'è più, un nemico di Bacco, ed il più accanito; Bacco è diventato episodio.

Cherilo, Frinico, Pratina ed altri di minor conto, formano quel gruppo di Tespiani, i quali continuano l'opera riformatrice dal loro duce iniziata, sostituendo al protagonismo di Bacco il protagonismo degli episodî della storia dei Numi. Gli uomini, le donne, che prima erano particolarità accessorie del mito di Bacco, diventano pei Tespiani i soggetti principali: il nume è un accessorio, un pretesto. Frinico tratta nelle sue tragedie argomenti storici contemporanei; e la *Presa di Mileto* gli frutta una multa di mille dramme (1). Pratina separò la tragedia dalla farsa satirica, inventando il dramma satirico, nel quale da un coro composto di satiri venivano messi in ridicolo gli argomenti ordinarî della tragedia; il dramma satirico era una parodia della tragedia. Nel 449 a. C. Pratina prese parte ad un concorso drammatico insieme ad Eschilo; e nel mentre si

(1) Erodoto racconta che dopo l'incendio di Sardi, Mileto, come centro e la più importante delle colonie greche, diviene il punto di mira delle operazioni guerresche di Artaferne, il quale l'assedia per terra e per mare; la flotta ateniese, mandata troppo tardi in soccorso dei Milesii, è battuta dalla persiana, e Mileto è costretta ad arrendersi. Questo fatto, che addolorò oltremodo gli Ateniesi, è l'argomento della tragedia di Frinico; ei fu multato perchè in essa veniva censurato il partito che fu causa del disastro.

rappresentava il lavoro drammatico di Pratina rovinò il palco di legno; il che diede occasione alla costruzione d'un teatro in pietra, che fu il primo del mondo. Fu compiuto nel 340 a. C. sotto l'arconte Licurgo. Su quel modello furono poi edificati tutti gli altri teatri. E qui cade in acconcio accennare brevemente alla forma del teatro greco antico. Quanti scrissero sul teatro greco, tutti attinsero a Vitruvio e Polluce e ad altre fonti, quali le ruine tuttora esistenti di Atene.

Il primo teatro, in pietra, fu come si disse, eretto nel 340 a. C. in Atene, e servì di modello a tutti gli altri che si edificarono poi. Era scoperto, e quindi lo spettacolo si dava di giorno e a ciel sereno: esso conteneva 30,000 spettatori. Il teatro ateniese sorgeva a mezzogiorno, a piedi dell'Acropoli, e fu detto di Dionisio, perchè eretto in luogo consacrato a Bacco. Avea forma semicircolare, e constava di tre parti: della *scena* (σκηνή). il diametro del semicircolo, della *cavea* (κοῖλον), la parte circolare, e dell'*orchestra* (χορός), lo spazio compreso tra la *scena* e la *cavea*.

La *scena* s'innalzava di fronte alla *cavea*, ed era un fabbricato indipendente da questa; vi si accedeva per un corridoio (πάροδος). Era un edificio lungo, ma poco profondo, composto di un corpo di mezzo, e di due ali che si avanzavano verso la cavea. Fra la scena e l'orchestra sorgeva il *palcoscenico* in legno (προσκήνιον), dove recitavano gli attori. Il palcoscenico era molto alto, e siccome il coro dovea talora montare sulla scena, fu eretta una impalcatura più bassa del proscenio; vi si saliva per due scale, tanto dall'orchestra quanto dal proscenio. Questo restava fra le ali; il luogo dietro la scena, dove si ritiravano gli attori dicevasi *poscenio* (ἐπισκήνιον); le parti laterali παρασκήνια. Il nome di *scena* (1) ricorda la semplicità antica. Le due ali e le parti centrali rappresentavano la facciata di un gran palazzo con colonne, finestre e tre porte. Così dipingeasi la scena tragica: la scena comica rappresentava comunemente privati edifici, la satirica boscaglie e grotte. La scena era stabile e poteva adattarsi a molte rappresentazioni. Del resto essendo costrutta di tavolati, e poche essendo le rappresentazioni nel corso dell'anno, non importava grandi spese il cambiamento di scena. Pei cambiamenti di scena durante la rappresentazione adopravano dei prismi a tre facce variamente dipinte, che giravano su di un perno; v'era la la *gru* (γέρανος), macchina che serviva a portar in alto i personaggi e a fargli sparire; v'erano le *scale di Caronte* (χαρώνειαι κλίμακες) atte a far disparire specialmente le ombre dei morti, gli spettri; il θεολογεῖον serviva per l'apparizione degli dei.

L'*orchestra*, come si disse, compresa tra la *scena* e la *cavea*, avea forma circolare; dessa è la parte da cui si sviluppò il teatro greco e ne divenne il centro. Corrisponderebbe alla nostra *platea*. L'orchestra era il luogo ove i cori danzavano: nel mezzo sorgeva l'*ara* detta, θυμέλη; il pavimento dell'orchestra era di arena (κονίστρα).

La *cavea* (κοῖλον) era il semicircolo del teatro ove sedeano gli spettatori: gli ordini dei sedili formavano delle gradinate, che discendendo mano mano verso l'orchestra si restringevano; onde le diverse sezioni concentriche, in cui era divisa tutta la cavea, dicevansi κερκίδες *(cunei)*; e chiamavansi διαζώματα *(praecinctio-*

---

(1) σκηνή significa propriamente tenda, capanna, La scena al di sopra era coperta; e all'epoca romana s'introdusse il sipario, che si tirava dall'alto al basso.

nes) quelle fasce o gradini che giravano intorno alla cavea, per dar passaggio agli spettatori, e formavano quasi tante linee di divisione di tutta la cavea, che distinguevano le diverse classi di spettatori. Sopra la *cavea* girava un portico che serviva alla sonorità, al riparo, e d'ornamento di tutto l'edifizio. In Atene la cavea era scavata nel vivo della roccia, perchè il teatro era appoggiato al monte. Gli spettatori v'entravano o per l'orchestra o dai lati, o dal di sopra del monte; e per mezzo delle scale, che quasi raggi del semicerchio della *cavea*, accennanti verso il centro dell'orchestra, formavano i *cunei*, accedevasi a questi. Quasi tutti i teatri erano costrutti come il primo, come quello ideato da Eschilo in Atene, e da lui, che si servì dell'opera di Agatarco, portato a compimento.

Ma il merito di Eschilo non è tutto qui: a lui si deve la lode di aver compiuta nella tragedia la riforma iniziata dai Tespiani; per lo che può con ragione appellarsi il padre della greca tragedia. Quanto al contenuto della tragedia, e al protagonismo, egli dà il colpo di grazia al culto di Bacco. Nel suo *Prometeo* fa molto più che Tespi nel *Penteo*. In questo l'uomo è in aperta guerra con Bacco; nella tragedia di Eschilo l'uomo, Prometeo, non solo è nemico di Bacco, ma non lo conosce. Con Eschilo la tragedia si fa tutta umana; la divinità, Giove stesso sta per venire a patti nella guerra coll'uomo. Quanto poi alla forma Eschilo introdusse nella tragedia un nuovo attore, restringendo così la parte del coro; vestì gli attori più magnificamente, inventò le maschere, il coturno, ordinò meglio le danze dei cori.

„ Post hunc personae pallaeque repertor honestae
„ Aeschylus et modicis instravit pulpita tignis

„ Et docuit magnumque loqui nitique cothurno (1).

(Hor. Epist. ad Pis.)

Vissuto ai tempi delle guerre persiane (era nato in Eleusi nel 525 a. C.) prese parte alle patrie battaglie; combattè a Maratona, a Salamina, a Platea. D'anima ardente la sua anima trasfuse nei personaggi delle sue tragedie; il suo genio più che al patetico tende al terribile; il suo stile magniloquente, ardito, sublime, talvolta si fa gonfio ed esagerato, ed è più proprio della lirica che della drammatica. Ma il merito principale di Eschilo si è quella freschezza, quello splendore di linee e di tinte, che sebbene sembrino i primi abbozzi di un pittore, manifestano pur sempre l'artista in tutta la sua originalità inventiva. Delle settanta e più tragedie che scrisse, sette soltanto giunsero fino a noi, e sono: il *Prometeo*, i *Persiani*, i *Sette a Tebe*, *Agamennone*, le *Coefore*, le *Supplicanti*, le *Eumenidi*.

Se Eschilo si considera il padre della tragedia greca, Sofocle ha il vanto di averla portata alla sua perfezione.

Nacque Sofocle a Colono noll'Attica (495 a. C.). Suo padre lo fece istruire con molta cura nella ginnastica e nella musica. A sedici anni, nudo con una lira in mano, guida il coro (da lui composto) che dovea fe-

(1) Talora l'autore era anche attore. Sofocle per la debolezza della voce non potè mai recitare. Vi aveano scuole speciali per gli attori, nei quali si richiedeva grandissima robustezza di voce per la enorme vastità dei teatri; non vi si ammettean le donne, di cui l'uomo dovea imitare la voce. Una maschera, che ingrossava di molto la testa dell'attore la copriva tutta; perciò era necessario innalzare anche l'attore con coturni dalla suola molto alta. Oltre a ciò s'ingrossava la persona con imbottiture. In tal modo l'attore era assai impacciato e ci volea molto esercizio per agire con disinvoltura. Avean lunghe vesti a varii colori, manti di porpora orlati d'oro ed acconciature stranissime.

steggiare la battaglia di Salamina. A ventisette anni vince in un concorso Eschilo; e da quel momento comincia per Sofocle quell'operosità creatrice che lo rese immortale, e principe dei tragici tutti dell'antichità. Morì nel 405 lasciando più che cento tragedie, di cui non ci rimangono che l'*Antigone*, l'*Elettra*, le *Trachinie*, l'*Edipo Re*, l'*Ajace*, l'*Edipo a Colono*. L'*Antigone* è la più antica delle tragedie di Sofocle, il quale in grazia di questa, (dopo essere stato, sotto gli ordini di Pericle, voloroso soldato) fu eletto uno dei dieci strategi nella spedizione contro Samo.

Anche Sofocle come Eschilo trovò un illustre competitore; e questo fu Euripide (nato a Salamina 480 a. C.). Ma Euripide, come Eschilo, alla fine resta vinto, e Sofocle rimane solo a signoreggiare la scena, e sovra tutti a volare come aquila.

Eschilo era stato per la tragedia il genio inventore, avea creato la favola, l'intreccio, la condotta; ma tutto avea lasciato in uno stato ancora di primitiva rozzezza. Sofocle tutto perfezionò; è per la tragedia il genio perfezionatore; chè in lui tutto è perfetto: la parola, l'intreccio delle passioni, la condotta dell'azione, il protagonismo, i caratteri dei personaggi. Sofocle è ammirabile per la grandezza dello stile, pel modo semplice e in uno elevato di manifestare l'arte, la quale in lui è dissimulata sempre: è maestro nell'eccitare gli affetti più teneri, come nell'incutere terrore e spavento: nulla è superfluo nelle sue tragedie, ma tutto è necessario, tutto è strettamente legato all'azione; il cui campo egli allargò coll'introdurvi un terzo attore (1): e al coro diede l'indole d'uno spettatore e di un

(1) Gli attori della tragedia erano tre soli, ma ognuno dovea sostenere più parti; perciò doveano avere attitudini speciali: i più abili eran detti *protagonisti*; poi in ordine di abilità venivano i *deu-*

giudice imparziale, perfezionando così il dramma anche
nella sua forma.

Anche Euripide si diede ad introdurre dei muta-
menti nella condotta del dramma poetico, innovazioni
che se non tolgono affatto la bellezza, certamente non
ne aggiungono al dramma. Nel prologo ei fa l'esposi-
zione di tutto l'argomento, e lo spettatore è informato
di tutto il dramma, prima che giunga alla catastrofe.
Il coro (1) nelle tragedie di Euripide non ha più quel-
l'importanza che ha in Eschilo e in Sofocle; perchè
non è collegato col resto della tragedia. Delle molte
tragedie che scrisse Euripide possediamo: l'*Alceste, Medea, Ippolito, Ecuba,* gli *Eraclidi, i Supplicanti, Jone,*

teragonisti e i *tritagonisti.* Rare volte ci fu un numero maggiore di
attori: e quando ne occorreva un quarto, si affidava la parte ad un
corista. Quanto alla distribuzione delle parti, le più dignitose erano
affidate al *tritagonista* ; e le parti dove si richiedeva molta abilità,
come la parte di ἄγγελος, erano prese dal *protagonista.* Il quale godeva molta stima nella società greca, appunto perchè dovea pos-
sedere una coltura non comune. Gli attori erano nominati e pagati
dallo stato: il poeta tragico che vinceva il concorso avea facoltà di
scegliersi il *protagonista.*

Giova notare ancora, che gli attori, imparando a memoria il te-
sto, v'interpolavano versi interi di loro creazione; e ciò faceano talora per vanità, talora per alludere alle condizioni politiche: vi in-
serivano perfino scene intere di altre tragedie. Contro tali profana-
zioni si emanarono leggi severe.

(1) Il *coro tragico* era composto di 12 cantori, che Sofocle
portò a 15. Siccome ogni poeta dovea presentare al concorso tre
tragedie *(trilogia)* ed un dramma satirico, si ritiene che ogni dramma avesse un coro speciale, perchè uno solo non avrebbe potuto
resistere a tanta fatica. Laonde il coro dev'essere stato diviso in 4
sezioni, di 12 l'una dapprima, di 15 di poi. Il *coro ditirambico,* come si è detto, era composto di 50 coristi, ed è probabile che nei
primi tempi della tragedia tale fosse il numero dei coristi. Ora non
si sa quando si cominciò a concorrere coi quattro drammi *(tetralogia)* ; certo è che la divisione del coro in sezioni ebbe principio

Ercole furente, Andromaca, le *Trojane, Elettra, Elena, Ifigenia in Tauride, Oreste,* le *Fenicie* ecc. Nelle quali si notano non pochi difetti, e principalmente quello di una certa sottilità d'artifici. Euripide vuol farsi ammirare ad ogni costo dal pubblico ateniese, e ci riesce mettendo in mostra tutta la potenza dell'arte sua. Ma *est modus in rebus,* e questo *modus* Euripide non volle o non seppe osservare. Ma grandissimi d'altra parte sono i pregi delle tragedie di Euripide, il quale nel toccare con potente maestria gli affetti per poco non supera Eschilo e Sofocle: anzi Aristotele lo chiama per questo riguardo il più tragico dei tragici. Ebbe Euripide la sventura di succedere a due sommi, quando la tragedia dalle mani di Eschilo era passata a quelle di Sofocle. La Musa drammatica presso Eschilo è una fanciulla avvenentissima, ma acerba ancora, e puossi paragonare a un quadro di frate Angelico per il disegno; con Sofocle la bellissima giovinetta è divenuta donna perfettissima, un disegno raffaelesco; con Euripide la bellezza di questa donna comincia a declinare, e per mantenersi bella la Musa di Euripide ricorre agli artifizi (1).

Dall'antica Grecia derivano la tragedia latina e tutta l'arte tragica dei tempi moderni.

Troppo ci dilungheremmo, ed usciremmo dai confini assegnati a questi brevi cenni, se volessimo fare la storia della tragedia latina e italiana. Solo diremo del-

coll'uso di presentare la *tetralogia.* A compensare il pubblico di questa riduzione, a scapito della parte lirica, il poeta tragico allargò la parte drammatica. Il coro era sotto la direzione di un capo. Dapprincipio il coro veniva istruito dal poeta stesso; ma ai tempi di Sofocle vi erano maestri appositi (χοροδιδάσκαλοι) che lo istruivano a spese del χορηγός, cioè del cittadino cui toccava allestire il coro.

(1) Paolo Ferrari.

2

la latina quel tanto che basti e crediamo necessário all'assunto nostro, accennando di volo alle cause per le quali la tragedia in Roma non potè dare quegli splendidi risultati che diede in Atene.

Introdotta in Roma insieme a tutti gli altri tesori dell'arte greca, la tragedia rimase sempre presso i Romani come una pianta esotica e sterile, una fredda imitazione, priva affatto di originalità inventiva, cogli stessi argomenti, cogli stessi personaggi, cogli stessi costumi greci.

Saltiamo a piè pari gli avvenimenti che in certo qual modo ne prepararono il terreno e ne precedettero l'introduzione dalla Grecia. Taciamo pure di Livio Andronico, di Nevio, di Ennio, di Pacuvio, di Lucio Accio, dei quali parte conosciamo pochi frammenti, parte solo i titoli di tragedie, le quali dovettero essere o imitazioni o semplicemente copie dei Greci, e veniamo ai tempi di Nerone; chè non prima di questo tempo si possono ammirare le poche tragedie latine che abbiano qualche pregio, non dirò artistico, ma puramente letterario.

L'*Ercole furioso*, la *Tebaide*, la *Fedra*, l'*Agamennone*, l'*Ottavia*, l'*Edipo*, la *Medea*, il *Tieste*, l'*Ercole*, le *Troadi*, sono i nomi delle tragedie che comunemente si attribuiscono a Seneca il filosofo, e sono le sole che possa vantare il teatro latino.

Nato a Cordova, verso gli ultimi anni della vita di Augusto, Seneca venne a Roma giovanetto ancora. Quivi ebbe la sua educazione; studiò sotto i più celebri filosofi e retori d'allora, e abbracciò la dottrina degli stoici. Ammesso alla corte imperiale, ove fu maestro di Nerone, potè vedere davvicino le nequizie, le crudeltà, le infamie, le bassezze di Tiberio, di Caligola, di Claudio, e del suo allievo, di cui, seguendo l'andazze dei tempi, e cedendo alla dura necessità e all'ambizione, si fece spudorato adulatore, sperando forse che quella belva coronata lo risparmiasse. Vivendo in una società corrotta, in mezzo a stragi, a vendette, a carnificine, egli dovette farsi un' idea ben trista del cuore umano, che egli credeva governato da un essere misterioso, invisibile, dal fato. A questi principii informa Seneca le sue tragedie, su queste basi innalza il suo tragico teatro.

Dal confronto, che ci siamo proposti di fare tra l'*Edipo Re* di Sofocle e l'*Edipo* che si attribuisce al filosofo Seneca, vedremo di quanto la tragedia greca superi per artistiche bellezze la romana, e come questa sia una pura imitazione di quella; tantochè, senza timore di andare errati, si può sostenere non avere la letteratura latina, che pure è così splendida per gli altri generi, una tragedia vera e propria.

Le cause di questo fatto sono molteplici. Ne noteremo le principali. E prima di tutte il carattere nazionale romano, diverso affatto dal greco. Il distintivo del carattere greco è l'idealità, per la quale lo spirito trasforma le tradizioni e le adatta ai propri sentimenti; di qui l'individualità greca, la quale non accetta passivamente la religione degli avi, ma adattandola ai propri sentimenti ne fa derivare una moltiplicità di miti, una libertà affatto speciale d'interpretare le divinità. A Roma prevale lo Stato; il Romano vale qualche cosa in quanto fa parte dello Stato. Ed è perciò che i grandi uomini romani si assomigliano tutti. Nel Romano la virtù è un mezzo per accrescere gloria alla Repubblica; il Greco può amare la virtù per sè stessa. La religione romana è un complesso di fredde astrazioni, non è alimento allo spirito, è autorità disciplinare. Onde in Roma non vi sono tentativi per determinare i rapporti fra le varie divinità, e tra queste e gli uomini, Prometeo a Roma non reggerebbe. In Grecia il giovane diviene καλός κάγαθός in sè e per sè, non per la città. Pei Romani l'educazione mira alla utilità pratica. Estese le loro conquiste fuori di Italia, il cosmopolitismo politico dovea estendersi anche nel campo dello spirite; accettarono la coltura greca, della quale furono i continuatori, nel vero senso della parola, per quella parte soltanto che potea conciliarsi col sentimento romano, colla *gravitas* romana, col carattere pratico. Quindi i Romani, imitando pur sempre i Greci lasciarono monumenti imperituri splendidissimi, e nella lirica e nell'epopea e nella eloquenza e nella storia e financo nella filosofia. Nella drammatica, specie nella tragedia, no, perchè al Romano mancava il gentile sentire, la disposizione religiosa e filosofica dei Greci, presso i quali la tragedia non era già un semplice divertimento, ma una scuola continua di moralità, che avea per iscopo l'utile e il dilettevole; era una festa religiosa, atta a condurre il popolo alla virtù mediante la squisitezza dell'arte. Della mancanza della vera tragedia in Roma molte altre sarebbero le cause, quali la rozzezza degli abitanti di Roma, che, misti agli innumerevoli forestieri d'ogni paese che vi affluivano, non intendendo nulla in fatto di arte, accorrevano più volentieri nei circhi ove la vista del sangue umano misto a quel delle tigri e dei leoni gl'innebriava; ragione per cui, dicono alcuni, a nessun romano veniva in mente di scriver tragedie da rappresentare in pubblico.

La tragedia romana adunque sebbene nel suo nascere avesse avuto scopo religioso, e fosse stata usata nei pubblici giuochi, fu sempre un'imitazione greca e prima e poi; non ebbe mai carattere nazionale, nè scopo educativo; e infine, a quanto pare, destinata ad

esser letta nelle private riunioni, si ridusse ad un esercizio letterario.

Ciò premesso, passiamo allo studio delle due tragedie omonime di Sofocle e di Seneca.

II.

Edipo era figlio di Laio, re di Tebe, e di Giocasta.
Un oracolo aveva predetto a Laio che suo figlio l'avrebbe ucciso e poi sposato la madre. Ad evitare una tanta enormità, Edipo venne esposto sul Citerone perchè
vi perisse. Ma il pastore tebano incaricato di farlo perire, dopo averlo attaccato pei piedi ad un albero,
mosso a pietà del bambino, lo tolse di là, e senza palesare chi egli si fosse, lo affidò ad altro pastore,
il quale lo portò a Corinto, ove il re Polibo, privo di
figli, lo allevò e lo costituì successore al trono. Fatto
adulto Edipo venne a sapere dall'oracolo egli pure quanto dall'oracolo era stato predetto a Laio: onde si partì
in volontario esiglio da Corinto, creduta sua patria,
per tema di diventare parricida ed incestuoso. Ma nella
Focide incontrò Laio, a lui sconosciuto, e l'uccise.
Di là s'avviò verso Tebe, ove sciolto l'enimma propo-
sto dalla Sfinge, mostro che desolava quel regno, l'uccise, e ottenne in premio la mano della regina Giocas-
sta, sua madre, da cui ebbe dei figliuoli. Gli Dei irritati
dall'abominevole delitto mandarono una pestilenza a
desolare la città. — E qui comincia la tragedia di Sofocle.

La scena si apre nel vestibolo della reggia, ove
stanno raccolti cittadini e sacerdoti, venuti ad invocare
l'assistenza del re in mezzo alla sciagura che funesta-
va Tebe. Edipo fa loro lieta accoglienza, si associa al
loro dolore, è compreso della miseria ond'è la città

desolata, ed annunzia di aver già mandato Creonte, fralello di Giocasta, a consultare l'oracolo sul da farsi. Creonte infatti non si fa aspettare col responso del Nume, il quale diceva non cesserebbe la pestilenza, se prima non fossero puniti gli uccisori di Laio, i quali se ne stavano sicuri in Tebe.

Edipo, cui sta a cuore la salvezza de'suoi sudditi, convoca il popolo, e promette di fare quanto sta nelle sue forze, per iscongiurare il pericolo che sovrasta a Tebe. E qui finisce il *prologo*, colle parole di Edipo:

ἢ γάρ εὐτυχεῖς
σὺν τῷ θεῷ φανούμεθα ἢ πεπτωκότες

(V. 145)

... „ Ó tornerem felici
„ Col favor di quel nume, o cadrem tutti. „
(Bellotti)

E il sacerdote di Giove si ritira con tutti gli altri, confidando nella saggezza di Edipo.

Esce quindi il coro, e comincia il *parodo* (1). Il coro, che qui rappresenta il popolo (specialmente vecchi Tebani) invoca la protezione di Apollo, Diana, Minerva:

.... ὦ χρυσέα θυγατερ Διός,
εὐῶπα πέμψον ἀλκάν

(V. 187)

„ Oh figlia aurea di Giove, a così tristo
„ Stato soccorri, e bella invia salute.
(Bellotti)

_____

(1) πάροδος significa tanto il primo presentarsi del coro nell'orchestra, quanto quello che il coro canta al suo primo mostrarsi. Secondo Polluce il coro entrava o su cinque file o su tre, cantando in metro *anapesto*, rivolto verso la scena, ove andava di rado.

Finito il *parodo*, Edipo oltremodo esaltato giura
che giustizia si farà, e presto, e scaglia maledizioni contro il reo e suoi complici, soggiungendo:

κατεύχομαι δὲ τὸν δεδρακότα, εἴτε τις
εἷς ὢν λέληθεν εἴτε πλειόνων μέτα,
κακὸν κακῶς ἄμοιρον ἐκτρῖψαι βίον·
ἐπεύχομαι δ᾽,οἴκοισιν εἰ ξυνέστιος
ἐν τοῖς ἐμοῖς γένοιτ᾽ ἐμοῦ ξυνειδότος,
παθεῖν, ἅπερ τοῖσδ᾽ ἀρτίως ἠρασάμην.

(V. 250)

„ E il reo consacro, o (se piú sono) i rei,
„ A lôgrar scevra de' comuni dritti
„ Orribil vita orribilmente. E quando
„ In mie case, me conscio, occulto stesse
„ Quel regicida, a me medesmo impreco
„ Quanto agli altri imprecai.

(Bellotti)

Il popolo (coro) si protesta innocente, e propone
si mandi per l'indovino Tiresia. Questi viene condotto innanzi al re, e richiesto se sapeva dell'uccisore di
Laio, si rifiuta di palesarlo, e prega il re non voglia
sapere di più. Edipo furibondo lo minaccia e gli impo-
ne di dire il nome dell'assassino. E Tiresia:

φονέα σέ φημι τἀνδρός, οὗ ζητεῖς κυρεῖν.

(V. 362)

„ Dico esser tu quell'uccisor che cerchi „
(Bellotti)

E aggiunge con aria misteriosa e oscura che altri
misfatti, e ben più grandi, si sarebbero in breve sco-
perti, commessi da lui. Edipo arde di sdegno a simili

offese, a siffatte calunnie, e sospettando che il cieco indovino fosse venduto al cognato Creonte, di cui temeva qualche trama, lo vuol condannare a morte.

Il cieco Tiresia, condotto per mano dal fanciullo che gli fa da guida, esce profetizzando al re che andrà cieco e ramingo in terra straniera.

$$\ldots \tau \upsilon \varphi \lambda \grave{o} \varsigma \; \gamma \grave{\alpha} \rho \; \acute{\varepsilon} \kappa \; \delta \varepsilon \delta o \rho \chi \acute{o} \tau o \varsigma$$
$$\kappa \alpha \grave{\iota} \; \pi \tau \omega \chi \grave{o} \varsigma \; \grave{\alpha} \nu \nu \grave{\iota} \; \pi \lambda o \upsilon \sigma \acute{\iota} o \upsilon \; \xi \acute{\varepsilon} \nu \eta \nu \; \acute{\varepsilon} \pi \iota$$
$$\sigma \kappa \acute{\eta} \pi \tau \rho \omega \; \pi \rho o \delta \varepsilon \iota \kappa \nu \grave{\upsilon} \varsigma \; \gamma \alpha \tilde{\iota} \alpha \nu \; \acute{\varepsilon} \mu \pi o \rho \varepsilon \acute{\upsilon} \sigma \varepsilon \tau \alpha \iota$$

(V. 454)

          ... „ chè d'opulento,
„ Fatto mendico, e di veggente, cieco,
„ Andrà tastando col baston la via
„ In peregrina terra;

(Bellotti)

E qui finisce il *primo episodio*, e il coro canta il *primo stasimo*, in cui esprime il suo dubbio circa alla veracità delle parole di Tiresia, e si mostra sempre riconoscente verso Edipo, il salvatore di Tebe.

Tace il coro, ed entra Creonte (*secondo episodio*), a giustificarsi innanzi al coro delle accuse mossegli contro da Edipo. Il popolo (coro) cerca di scusare Edipo, che intanto s'avanza verso Creonte; nasce una disputa fra i due cognati; alle grida accorre Giocasta, e anch'essa dimostra false le ingiuriose parole dell'indovino; anzi dà alcune spiegazioni e dice non aver Laio, suo defunto marito, lasciato alcun figlio, perchè l'unico rimastogli, nato da lei, avea fatto morire sul Citerone, acciocchè non si avverasse l'oracolo, che gli avea predetto sarebbe morto per mano del figlio; Laio essere stato trucidato da una banda di briganti sui mon-

ti della Focide, ed esservi tra i suoi famigliari un testimonio oculare del fatto. Edipo, sotto l'impressione
delle parole misteriose del cieco Tiresia, indegnato
contro costui, e più ancora contro il cognato, da lui
supposto traditore, impensierito al racconto di Giocasta,
che espose i particolari della morte di Laio, pure di
nulla sospettando ancora, non intravvede la sciagura
che presto gli si farà manifesta in tutta la sua tremenda realtà: egli è sempre convinto di essere figlio di Polibo, re di Corinto e di Merope Doriense; teme soltanto e sospetta di aver ucciso il re di Tebe, uno
straniero, e sposatane poi la moglie; e tutto ciò avrebbe fatto per evitare quei delitti che l'oracolo gli avea
profetizzato:

εἰ δὲ τῷ ξένῳ
τούτῳ προσήκει Λαΐῳ τι συγγενές,
τίς τοῦδέ γ' ἀνδρὸς νῦν ἔτ' ἀθλιώτερος,
τίς ἐχθροδαίμων μᾶλλον ἂν γένοιτ' ἀνήρ;

(V. 813)

„ Or, se quello stranier fosse con Laio,
„ Sola una cosa, oh chi di me più misero?
„ Qual uom potrebbe esser più in ira ai numi
„ Di me?

(Bellotti)

E più avanti:

ἆρ' οὐχὶ πᾶς ἄναγνος, εἴ με χρὴ φυγεῖν,
καί μοι ψφυγόντι μῆστι τοὺς ἐμοὺς ἰδεῖν,
μὴ μ' ἐμβατεύειν πατρίδος, ἢ γάμοις με δεῖ
μητρὸς ζυγῆναι καὶ πατέρα κατακατανεῖν,
Πόλυβον, ὃς ἐξέφυσε κἀξέθρεψέ με;

(V. 822)

„ Un tristo

„ Or non son io? non tutto impuro? In bando

„ Andarne; i miei più non veder, nè il piede

„ Più riportar su'l patrio suol m'ò forza,

„ O far connubio con la madre, e il padre

„ Colpir di morte, Pólibo che diemmi

„ Vita e mi crebbe.

(Bellotti).

Impensierito adunque al racconto di Giocasta, E-
dipo vuole interrogare quel domestico che fu testimo-
rio della morte di Laio, che, come disse Giocasta, era
perito per mano dei briganti.

Il *secondo episodio* (1) è terminato, e il coro canta
il *secondo stasimo*, in cui il popolo (coro), dopo quanto
ha inteso, è turbato, e comincia a dubitare dell'innocenza di Edipo.

Ricomparisce Giocasta (incomincia il *terzo episodio*), che si rivolge ad Apollo, e lo invoca per Edipo.
Frattanto giunge un pastore corintio colla notizia che
Pólibo, il re di Corinto, era morto, e che il popolo
volea Edipo per suo re; e fa in pari tempo sapere ai

---

(1) Secondo Aristotele la tragedia constava di quattro parti: del
πρόλογος *(prologo)* che era la prima parte dell'azione precedente al
primo canto del coro; dell'επεισόδιον *(episodio),* breve azione intrec-
ciata ai canti del coro, che cominciava al presentarsi dell'attore
dopo entrato il coro (πάροδος); dell'έξοδος *(esodo, uscita)*, cioè quella
parte della tragedia che si stendeva dall'ultimo canto del coro sino
alla fine, quando il coro si ritirava; e del' χορικόν, cioè del canto del
coro. Le due prime parti costituivano la parte drammatica, le due
ultime la lirica rappresentata dal coro nell'orchestra. Questo divideva
dunque lo svolgimento dell'azione in più parti. Secondo Orazio non
dovea avere nè più, nè meno di cinque atti. Quindi le tragedie greche dovrebbero aver avuto quattro canti del coro; ma non in tutte
le tragedie greche si trova questa divisione accennata da Aristotele.

Tebani che Edipo non era punto figlio di Polibo. Egli da bambino era stato introdotto nella corte di Corinto da lui stesso, che l'avea ricevuto dalle mani d'altro pastore tebano. — Tremenda rivelazione è questa che mette nel più grande smarrimento l'animo già commosso di Edipo, il quale non ostante ogni sforzo della regina per dissuadernelo, vuole assolutamente parlare coll'uomo che, incaricato di farlo perire, l'avea salvato.

Qui (finito il *terzo episodio*), il coro canta il *terzo stasimo* (1). Il coro è perplesso, e non sa che pensare, e si domanda di chi sia nato Edipo.

τίς σε, τέχνον, τίς σ'ἔτιχτε

(V. 1098)

È introdotto il pastore richiesto da Edipo (*quarto episodio*). Il corintio lo ravvisa per quello che gli avea affidato il bambino, e additando Edipo esclama:

ὅδ' ἐστίν, ὦ' τᾶν, χεῖνος, ὅς τότ' ἦ̔ν νέος

(V. 1145)

„ Quei ch'era allor bambino,
„ Gli è questi, amico.

(Bellotti),

(1) Si è notato che πάροδος era la prima cantata del coro al suo presentarsi, che l'*episodio* cominciava subito dopo entrato il coro, col quale l'attore intrecciava la sua parte; στάσιμον (μέλος sarebbe la seconda cantata del coro, quello cioè, secondo i grammatici, che il coro cantava dopo aver già preso il suo posto nell'orchestra e stando fermo. Ma molte volte il coro entrava silenzioso, e gli *stasimi* si cantavano accompagnati da danze. Si è detto che il coro divideva in sezioni la tragedia. Ma non era solo questo l'ufficio del coro: talora nelle passioni più concitate l'attore cantava da solo (μέλος ἀπὸ σχηνῆς); talora il corifeo ed anche spesso il coro rispondevano all'attore, e questi canti alternati tra il coro e l'attore chiamavansi χομμοί, ovvero θρῆνοι, in causa del loro carattere lugubre.

Il pastore tebano vorrebbe non palesare il segreto, ma messo alle strette, minacciato di morte, finalmente scopre tutto quanto si riferisce all'origine di Edipo.

L'azione drammatica volge omai al suo termine. Edipo ebbe a udire dalla bocca del servo la tremenda rivelazione. Pur troppo Apollo gli avea predetto il vero; pur troppo non era una menzogna l'oracolo da lui consultato, come Giocasta per materna e conjugale pietà si sforzava fargli credere, non appena essa, prima di lui, ebbe intravveduto la verità. Non v'ha più dubbio per lui: egli è uccisore del padre, e marito della madre. Coll'anima affranta dal dolore egli esclama rivolto al cielo: „Ahimè! ahimè! tutto è ora manifesto. O luce, sia questa l'ultima volta che ti veggo; poichè io son nato da quelli da cui non dovea mai esser nato, sposai chi non dovea mai sposare, ho ucciso chi non avrei dovuto uccidere giammai. „

ἰοὺ, ἰού. τὰ πάντ᾽ ἂν ἐξήκοι σαφῆ.
ὦ φῶς, τελευταῖόν σε προσβλέψαιμι νῦν,
ὅστις πέφασμαι φύς τ᾽ ἀφ᾽ ὧν οὐ χρῆν, ξὺν οἷς τ᾽
οὐ χρῆν ὁμιλῶν, οὕς τέ μ᾽ οὐκ ἔδει κτανων

(V. 1182)

Coi quali versi finisce il *quarto episodio*; il coro canta quindi il *quarto stasimo*, nel quale deplora la caducità delle umane grandezze, piange su Edipo, re favorito, che vinse la Sfinge, piange su quelle colpe che il tempo dovea inesorabilmente svelare:

ἐφεῦρέ σ᾽ ἄκονθ᾽ ὁ πάνθ᾽ ὁρῶν χρόνος,
ὃς δικάζει τὸν ἄγαμον γάμον πάλαι
τεκνοῦντα καὶ τεκνούμενον.

(V. 1213)

Ma il tempo alfin ti ritrovò, che l'opre
Dell' uom tutte discopre,
E il connubio dannò, che figlio insieme
Ti fece, e genitore.

(Bellotti).

Siamo alla catasfrofe: Giocasta si uccide nelle sue stanze: Edipo furibondo, non potendo avere altra arma, strappa dalle vesti di lei una fibbia, e se la caccia ripetutamente negli occhi, e cieco, grondante sangue, grida gli si aprano le porte della reggia ov' è rinchiuso.

Un nunzio (ἄγγελος) rivolto al coro, narra al pubblico l'accaduto. Qui comincia l'*esodo*, che occupa tutto il resto della tragedia.

Durante il racconto del nunzio Edipo dal di dentro manda orribili grida: finalmente si precipita sulla scena; vuole che i Tebani veggano il parricida e l'incestuoso. Il coro raccapriccia al vederlo così sformato.

A questo punto s'alterna un canto (κομμός) tra Edipo e il coro. Il coro, sempre compassionevole verso Edipo, gli domanda, in atto di rimprovero, perchè siasi strappati gli occhi. Ed ei risponde: „Con quali occhi, giunto ch'io sia all'Orco, potrei mirare in volto i miei genitori? E de'miei figli, nati a quel modo che sapete, che mi cale? Forsechè la loro vista mi può tornar gradita? „

ἐγὼ γὰρ οὐκ οἶδ', οἵμμασιν ποίοις βλέπων
πατέρα ποτ' ἂν προσεῖδον εἰς Ἅιδου μολών,
οὐδ' αὖ τάλαιναν μητέρ', οἷν ἐμοὶ δυοῖν
ἔργ' ἐστὶ κρείσσον' ἀγχόνης εἰγασμένα.
ἀλλ' ἡ τέκνων δῆτ' ὄψις ἦν ἐφίμερος,
βλαστοῦσ' ὅπως ἔβλαστε, προσλεύσσειν ἐμοί;

(V. 1371)

„Con quali occhi io potrei, scendendo a Dite,

„Mirar nel volto il padre mio, la misera

„Madre, ambo i quali io sì trattai, che un laccio

„Ne saria lieve pena? O de' miei figli

„Forse che grata esser mi dee la vista,

„Nati come son essi? „

(Bellotti)·

Indi Edipo ricorda con amarezza tutte le circostanze della sua vita. Maledice il momento della sua nascita, impreca a quel pietoso che lo salvò sul Citerone, impreca contro sè stesso per aver ucciso il padre, impreca contro le nefande nozze. E finisce per pregare gli astanti che lo uccidano, o lo gettino in mare, sicchè più nessuno lo vegga.

Sopraggiunge Creonte, che, per un sentimento di dignità, ordina che Edipo venga portato nell'interno della reggia, dicendo.

τοῖς ἐν γένει γὰρ τἀγγενῆ μάλιστ' ὁρᾶν
μόνοις τ'ἀκούειν εὐσεβῶς ἔχει κακά.

(V. 1430)

„ I mali

„Contemplar de' congiunti, udirne i lai,

„Sol de' congiunti alla pietà s'addice „.

(Bellotti)

E quì ha luogo una scena patetica, delle più commoventi tra Edipo e Creonte. Edipo, vedendosi trattato con umanità e benevolenza da colui ch'egli avea cotanto oltraggiato, prende animo a dettagli, per così dire, le sue ultime volontà. Gli raccomanda di onorare con isplendide esequie la defunta Giocasta. Quanto a me, egli dice, lasciami in balia del mio destino; lascia

mi andar cieco e ramingo sul Citerone, colà d'onde
non dovea mai esser tolto. De' miei figli maschi non
ti dar pensiero; sono uomini, e devon saper provve-
dere a sè stessi. Ma sì ti raccomando le mie care fi-
gliuolette, per le quali non venne mai meno il mio affetto: di quelle abbi cura. Qui è interrotto dai singhioz-
zi di Antigone e Ismene, che, senza che Edipo il sa-
pesse, erano presenti a quella scena straziante. Edipo se
le stringe affettuosamente al seno, compiange la loro misera sorte. Indi, rivolto a Creonte, gliele raccomanda di
nuovo: „Abbi pietà, egli dice, della loro giovinezza, fa
tu loro da padre: promettilo, o generoso Creonte, dam-
mi in pegno la destra. „

ξύννευσον, ὦ γεννᾶῖε, σῇ ψαύσας χερί.

(V. 1510)

Poi dice alle figlie: Se foste men giovani, vi darei
molti consigli; or non mi resta che augurarvi una vita
migliore di quella che toccò al misero vostro padre.

Dopo ciò a stento Edipo si stacca dalle figlie, e
parte.

Il coro compiange il miserando stato di Edipo, di
quel grande, che liberò Tebe dalla Sfinge, e la resse
da saggio monarca, di colui che salito a tanta altezza,
ora si trova caduto tanto basso. Onde il coro ne conchiude che non si abbia a chiamar felice un uomo se
prima non ha percorsa tutta la vita esente da avversità,

ὥστε θνητὸν ὄντ'ἐκείνην τὴν τελευταίαν δέον
ἡμέραν ἐπισκοποῦντα τηδέν'ὀλβίζειν, πρίν ἄν
τέρμα τοῦ βίου περάσῃ, μηδὲν ἀλγεινὸν παθών

(V. 1528)

» Sì ch'uomo alcuno predicar felice
» Pria di quel dì non lice,
» Ch'abbia di tutti acerbi casi immuno
» Della vita il cammin tutto compiuto. «

(Bellotti).

Ed ora vediamo come si svolge l'azione tragica
nell' *Edipo* di Seneca,

III.

La scena si apre nella reggia di Tebe con un mo-
nologo di Edipo, il quale pare voglia informare il pubblico, che è mattina, e che il sole a malincuore illumi-
na una città visitata dalla pestilenza.

» Jam nocte Titan dubius expulsa redit
» Et nube maestus squalida exoritur jubar. «

Esprime il suo rammarico per essersi lasciato ele-
vare al trono di Tebe, rimpiange la libertà che godeva

» Curis solutus exul intrepidus vacans ; »

e dichiara, chiamando gli Dei in testimonio, che è re
per caso, e solo per aver voluto sottrarsi al pericolo
di diventar parricida ed incestuoso. Lamenta le spine,
ond'è conserta la corona regale; chiama *fallax bonum*
la sovranità, e la paragona a una montagna incessan-
temente percossa dai venti, ad uno scoglio in mezzo
al mare, contro cui vanno a battere anche i flutti più
quieti. Indi esclama:

Inter ruinas urbis et semper nevis
Deflenda lacrimis funera ac populi struem
Incolumis adsto;

e vuol dire che mentre tutta Tebe è infetta dal morbo, egli solo ne è intatto, conchiudendo che la causa della peste è egli, Edipo, perchè Apollo non volle dare un regno sano a chi, secondo l'oracolo, dovea esser contaminato da orrendi delitti.

Passa poi a fare una descrizione della peste con una minuzia che mal s'addice al protagonista d'una tragedia, ad un attore drammatico,

Quà e là alcuni versi son quasi tradotti da quelli di Sofocle, come quelli che accennano al perir delle piante:

     „ denegat fructum Ceres,
  Adulta et altis flava cum spicis tremat,
  Arente culmo sterilis emoritur seges „;

i quali ci rammentano subito le parole del sacerdote di Giove a proposito di questa medesima peste:

  φθίνουσα μὲν κάλυξιν ἐγκάρποις χθονός, ecc.

            (V. 25)

    .... „ I frutti del terren rinchiusi
  „ Ne' lor calici ancor; de' buoi le mandre;
  „ Anco nell' alvo delle donne i figli,
  „ Tutto perisce. „

           (Bellotti).

Edipo vuol dare un addio a questo luogo di desolazione, a rischio d'imbattersi anche nuovamente ne'suoi

genitori, e di commettere quei due delitti, di cui l' avea
minacciato l' oracolo.

> . . . . „ profuge jamdudum ocius
> „ Vel ad parentes. „

Ma Giocasta, che lo sorprende in questa sua riso-
luzione, cerca dissuadernelo, dimostrandogli la sconve-
nienza, da parte di un re, di abbandonare il suo popolo
in simili frangenti. Edipo, per far intendere alla regina, ch'egli non è un vile, dice: « Se si trattasse di
combattere il nemico in campo aperto, allora sì che

> „ audax obviam ferrem manus „ ;

oppure se un'altra Sfinge venisse ad infestar questa terra, mi vedresti all' opera, ma contro un nemico
occulto qual è questo morbo, io non voglio cimentarmi. „
E qui Edipo si fa a raccontare con qual coraggio
avesse affrontato la Sfinge, come questa dall' alto della
sua rupe agitasse le ali e la coda, e digrignasse i denti
minacciosa contro di lui. E conchiude:

> „ Ille, ille dirus callidi monstri cinis
> „ In nos rebellat, illa nunc Thebas lues
> „ Perempta perdit „ ;

ed esce lasciando posto al coro, che canta sui danni
della pestilenza ; della quale Seneca fa qui una nnova
descrizione, rincarando la dose ; parla delle diverse be-
stie intaccate dal morbo ; indi dei sintomi e dei diversi
aspetti della malattia ; e chi sa quando la finirebbe il
coro, se non venissse Creonte di ritorno da Delfo.
Creonte riferisce la risposta dell'oracolo, dopo aver

fatta ad Edipo la descrizione del tempio di Apollo. La risposta, come al solito, è ambigua: l'uccisore di Laio una straniero. Edipo protesta di voler trarne vendetta, e dice quèl che dice l'Edipo di Sofocle, meravigliandosi che i Tebani non abbiano pensato prima a vendicare il loro re assassinato, e soggiunge: « È obbligo del re tutelare la sicurezza del trono »:

» Quod facere monitu caelitum jussus paro,
» Functi cineribus regis hoc decuit dari,

E Sofocle:

οὐδ'εἰ γὰρ ἦν τὸ πρᾶγμα μὴ θεήλατον
ἀκάθαρτον ὑμᾶς εἰκὸς ἦν οὕτως ἐᾶν,
ἀνδρὸς γ'ἀρίστου βασιλέως τ'ὀλωλότος,
ἀλλ' ἐξερευνᾶν,

(V. 255).

. . . . » Ed anco un nume
» Ciò non movesse, era di voi non degno
» Lasciar la strada inespiata e ignota
» D'uomo egregio e di re. »

(Bellotti).

Quindi trascende in imprecazioni contro l'uccisore di Laio, e domanda a Creonte dove fosse stato ucciso. Creonte cita e descrive il luogo, ove Laio era stato assassinato. Ma Edipo non si scuote, e porge attentamente ascolto alla descrizione che ne fa Creonte.

Sopraggiunge l'indovino Tiresia colla figlia Manto. Chiamato a spiegare l'oracolo d'Apollo, Tiresia sacrifica una giovenca, e la figlia Manto vi fruga nelle viscere ancor palpitanti, e trova nel ventre della giovenca *intatta* un germe mostruoso:

..... „ conceptus innuptae bovis
„ Nec more solito positus alieno in loco
„ Implet parentem „.

A nulla approdano le investigazioni di Tiresia, il quale allora si dispone ad evocare i morti del Tartaro per ritrovarvi Laio e farlo parlare. Edipo non crede di dover assistere alla scena di negromanzia, e prega Creonte che faccia le sue veci. Escono tutti e tre, Creonte Manto e Tiresia, il quale ordina al *coro* di cantare, durante la cerimonia, le lodi di Bacco. E qui nuove descrizioni, nuovo sfarzo di erudizione mitologica.

Rientra Creonte ad informare il re dell'esito delle operazioni di Tiresia. Le notizie sono cattive per Edipo, Creonte esita a parlare, Edipo ve lo costringe. Creonte allora fa la descrizione del luogo, ove Tiresia evocò le ombre dei morti; dice che Laio, dopo essersi fatto pregare, finalmente parlò, e che, da quanto disse, si dovea inferire, che l'uccisore di Laio altri non potea essere che lui, Edipo. Ma Edipo si protesta innocente, e lo prova col dire che suo padre Polibo è ancor vivo, e che Merope sua madre è sempre moglie di Polibo. Qui non ci può essere, egli dice, che una mala fede da parte di Tiresia, il quale compro da te, o Creonte, è il tuo strumento per togliermi il regno. Si difende Creonte col dire che la prospettiva del regno non lo ha mai adescato, che d'altronde, come fratello della regina, gode di tutte le dolcezze del regno, senza sentirne il peso, che nulla gli manca, non bella casa, non lauta mensa:

„ Solutus onere regio regni bonis
„ Fruor domusque civium coetu viget
„ Nec ulla vicibus surgit alternis dies
„ Qua non propinqui munera ad nostras lares
„ Sceptri redundent cultus opulentae dapes. „

Poi soggiunge:

„ Donata multis gratia nostra salus „

E Sofocle:

νῦν οἱ σέθεν χρῄζοντες αἰκάλλουσί με.
τὸ γὰρ τυχεῖν αὐτοὺς ἅπαν ἐνταῦθ' ἔνι.

(V. 597).

„ E chi vuol da te grazie a me le chiede ;
„ Ch' indi vien l'impetrarle. „

(Bellotti).

Ma Edipo persiste a credere Creonte un fellone, e finisce per farlo rinchiudere in una caverna.

Il coro piange sulle sciagure di Tebe, sciagure che derivano da un antico odio degli Dei.

Rimasto solo Edipo in preda a'suoi pensieri, interroga la propria coscienza

„ Curas revolvit animus et repetit metus. „

Sofocle:

ψυχῆς πλάνημα κανακίνησις φρενῶν

(V. 727).

E si ricorda d'aver ucciso un vecchio al crocicchio di tre strade nella Focide (Daulia):

„ phocaea trifidas regio qua scindit vias. „

Sofocle:

Φωκὶς μὲν ἡ γῆ κλήζεται, σχιστὴ δ'ὁδὸς
ἐς τ'αὐτὸ Δελφῶν κἀπὸ Δαυλίας ἄγει

(V. 733).

„ Nella terra che Focíde si chiama,
„ Là dove han capo ambe le vie, che l'una
„ A Delfo mena, a Daulia l'altra. „

(Bellotti).

È rivolto a Giocasta si fa narrare da lei le circostanze che accompagnarono la morte di Laio, l'età di
lui; e domanda:

„ Frequensne turba regium cinxit latus? „

E nella tragedia di Sofocle:

πότερον ἐχώρει βαιός, ἢ πολλοὺς ἔχων
ἄνδρας λοχίτας οἷ'ἀνὴρ ἀρχηγέτης;

(V. 750).

« Iva con pochi,
„ O conducea da re molti sergenti? „

(Bellotti).

Al racconto di Giocasta Edipo è persuaso d'esser
lui l'uccisore di Laio.

Viene ad interrompere il loro dialogo un vecchio
Corintio, il quale annunzia a Edipo la morte di Polibo,
che lo nominò suo erede al trono:

„ Corinthius te populus in regnum vocat
„ Patrium: quietem Polybus aeternam obtinet. „

Versi che in Sofocle suonano così:

τύραννον αὐτὸν οὑπιχώριοι χθονὸς
τῆς Ἰσθμίας στήσουσιν, ὡς ηὐδᾶτ'ἐκεῖ.

(V. 939).

„ Lui nomeranno a proprio re le genti
„ Dell' Istmia terra. Ogni uom di quella il dice. „

(Bellotti).

Edipo domanda al nunzio di che malattia è morto
Polibo, ed ei risponde:

„ animam senilem mollis exsolvit sopor. „

E Sofocle:

σμικρὰ παλαιὰ σώματ' εὐνάζει ῥοπή.

(961).

« Una sospinta lieve
„ Corpi gravi d' etade al suol trabocca. „

(Bellotti).

Ma Edipo non vuol andar a Corinto, perchè c' è
ancora la madre Merope, e potrebbe commettere la seconda delle colpe profetizzate dall' oracolo. Ed ecco che
il nunzio lo informa che Merope non è sua madre, che
Edipo da bambino gli era stato consegnato da un pastore
di Laio per nome Forba. Questi è condotto davanti al
re; esita a parlare; Edipo ve lo costringe:

„ Fatere, ne te cogat ad verum dolor „

È press' a poco la stessa minaccia che fa Edipo a Tiresia in Sofocle (V. 1152):

σὺ πρὸς χάριν μὲν οὐκ ἐρεῖς, κλαίων δ'ἐρεῖς.

» E tu, se nieghi
« Parlar buon grado, parlerai piangendo »
(Bellotti).

Costretto a parlare Forba dice a Edipo: « Sei nato di tua moglie. »

Edipo esce in imprecazioni contro sè stesso, sul tono di quelle dell' Edipo di Sofocle.

Quì il coro canta alcune strofe, in cui deplora la sorte di coloro che aspirando ad elevata fortuna, e, conseguitala, decadono improvvisamente.

Sopraggiunge quindi un nunzio a raccontare come Edipo si sia cavati gli occhi, e ne fa con ributtanti particolarità la descrizione.

Il coro riconosce nello stato di Edipo la mano del Fato, a cui nessuno può sottrarsi.

In quella Giocasta si precipita furibonda sulla scena, e trovandosi innanzi a Edipo, esclama:

» Quid te vocem?
» Gnatumne? dubitas? gnatus es: gnatum pudet. »

Ed Edipo alla sua volta:

« matris heu matris sonus »

« Colpa del Fato »! dessa esclama, quasi schernendolo. Finalmente si risolve a morire, e invita Edipo a ferirla. Non sa come finire la vita; non sa qual morte sia la più conveniente: finalmente ha scelto; si ferisce il ventre, e cade morta:

» hunc dextra, hunc pete
» Uterum capacem qui virum et gnatos tulit. »

Edipo si accusa due volte parricida, incolpa Apollo delle sue sciagure: fa per allontanarsi, ma improvvisamente si arresta:

« siste ne in matrem incidas »

In fine esce invitando i Tebani a rialzare la testa; perchè l' aria che d' ora innanzi respirerete, egli dice, non sarà più contaminata, poichè io me ne vo, e

« Mortifera mecum vitia terrarum extraho. »

E così finisce l' *Edipo* di Seneca.

Procuriamo ora di farne il confronto coll' *Edipo Re* di Sofocle.

IV.

Da quanto siam venuti fin qui dicendo dell' azione tragica che si svolge nell'*Edipo Re* di Sofocle e nell'*Edipo* di Seneca, facilmente si scorge quanto sia meschina e poco artistica la tragedia di Seneca; nella quale, in luogo di azione, havvi descrizione ed erudizione affettata, nella quale l' autore fa uno sfoggio inutile di filosofiche sentenze, nella quale manca affatto la naturalezza dell'espressione, e questa è tutta lirica, punto drammatica.

Il greco *Edipo* in Seneca non è più riconoscibile; non vi si riconoscono più i personaggi della greca tragedia, svisati i caratteri, adulterata la verità e la dignità della Musa sofoclea.

In Sofocle il personaggio Edipo è un gran re, un re saggio, un vero capo dello Stato, un *pastore di popoli*,

secondo il concetto omerico, il quale al sacerdote di
Giove che viene, a nome del popolo, ad informarlo delle
pubbliche calamità, della peste (descritta con tanta bre-
vità ed efficacia dal magico pennello di Sofocle), risponde:

ὦ παῖδες οἰκτροί, γνωτὰ κοὐκ ἄγνωστά μοι
προσήλθεθ' ἱμείροντες. εὖ γὰρ οἶδ', ὅτι
νοσεῖτε πάντες, καὶ νοσοῦντες, ὡς ἐγὼ
οὐκ ἔστιν ὑμῶν ὅστις ἐξ ἴσου νοσεῖ.
τὸ μὲν ὑμῶν ἄλγος εἰς ἕν' ἔρχεται
μόνον καθ' αὑτὸν κοὐδὲν' ἄλλον· ἡ δ' ἐμὴ
ψυχὴ πόλιν τε κἀμὲ καὶ σ' ὁμοῦ στένει.
ὥστ' οὐχ ὕπνῳ γ' εὕδοντά μ' ἐξεγείρετε·
ἀλλ' ἴστε πολλὰ μέν με δακρύσαντα δή,

(V. 58).

» Oh infelici figliuoli, ignote cose
» Queste, no non mi sono. Egri voi tutti
» Siete, ben so; ma non v'è alcun fra tutti
» Egro quant' io. Ciascun di voi si sente
» Del proprio duol, non dell' altrui; ma questa
» Anima mia per me, per voi, per tutta
» La città s' addolora. Ond' è ch' or desto
» Non m' avete da sonno: assai di lagrime
» Versato ho già; »

(Bellotti).

E chiama il popolo παῖδες, suoi figli.

Qual differenza di linguaggio dall'Edipo della tragedia di Seneca! In Seneca Edipo ci apparisce un vero
egoista, sollecito solo della propria salvezza e di quella
del trono; e sotto il suo vantato, troppo vantato coraggio
nel disperdere il nemico in campo aperto, sotto la van-

tata sua prodezza nell'affrontare la Sfinge, mai si cela la viltà di un ~~tale~~ re, che per isfuggire ai pericoli della peste non esiterebbe ad abbandonare il suo popolo.

E così si dica del carattere di Edipo in tutto il resto della tragedia di Seneca, carattere sempre svisato, poco dignitoso; non vi scorgiamo nessun concetto morale. L'Edipo di Seneca non si scuote alle parole dell'oracolo, a quelle parole che mettono in agitazione l'animo del personaggio di Sofocle; e, solo mosso da curiosità, freddamente domanda del luogo, ove fu ucciso Laio, e, come se nulla lo riguardasse il fatto, ascolta attentamente la descrizione che Creonte gli fa del *trivio della Focide*, dove successe l'incontro di Laio con Edipo.

L'Edipo di Sofocle al contrario non si dà pace finchè non abbia rintracciato il reo, e invoca a ciò fare la cooperazione di tutti i Tebani, minacciando rovina a chi non lo assista in quest'opera.

και ταυτα τοις μη δρωσιν ευχομαι, θεους
μητ' αροτον αυτοις γης ανιεναι τινα,
μητ' ουν γυναικων παιδας, αλλα τω ποτμω
τω νυν φθερεισθαι κατι τουδ' εχθ'ονι.

(V. 269).

.... e a quei che meco
« Niegano oprar, prego gli Dei che biade
« Non porti il suol, nè figli la consorte,
« E struggansi di questo o d'altro morbo
« Peggior, se v'ha. »

(Bellotti).

E solo alla fine l'Edipo di Seneca ripiglia il suo carattere, solo quando ode la rivelazione di Forba, solo

allora prorompe in grida di dolore, che rammentano quelle della tragedia di Sofocle : allora soltanto Edìpo ridi-
venta greco :

    „ Dehisce tellus tuque tenebrarum potens
  „ In Tartara ima rector umbrarum rape
  „ Retro reversas generis ac stirpis vices
  „ Congerite cives saxa in infandum caput,
  „ Mactate telis. Me petat ferro parens
  „ Me gnatus, in me conjuges arment manus
  „ Fratresque et aeger populus ereptos rogis
  „ Jaculetur ignes.

Ma questi sono una imitazione dei versi di Sofocle :

ὅπως τάχιστα, πρὸς θεῶν, ἔχω μέ που
καλύψατ᾽, ἢ φονεύσατ᾽ ἢ θαλάσσιον
ἐκρίψατ᾽, ...

                  (V. 1410).

     . . . . ah per gli Dei
 „ Me via di qua, me tosto nascondete,
 „ O m'uccidete, o dentro al mar gittatemi,
                   (Bellotti).

Da questo punto (nell'Edipo di Seneca) anche il
dialogo procede sino alla fine naturalmente e senza le
solite descrizioni.

Non meno travisato è il carattere di Giocasta.
Pochissima parte essa ha nella tragedia di Seneca.
Nessun affetto conjugale vi traspira in lei; nessuna dignità muliebre. E Sofocle ce la presenta tutta dignità,
tutto affetto verso Edipo, e da questo appellata φίλτα-
τον κάρα (V. 950); e sole più tardi, quando in preda al

delirio egli sospetta che Giocasta possa disprezzarlo e si vergogni d'esser moglie di un trovatello, solo allora si limita a tacciarla di donna ambiziosa:

αύτη δ'ίσως, φρονεῖ γὰρ ὡς γυνὴ μέγα,
τὴν δυσγένειαν τὴν ἐμὴν γ'αίσχυνεται.

(V. 1078).

.... „ Costei,
„ Come donna di sensi ambizïosi,
„ Del mio basso natal forse ha vergogna „ :

(Bellotti).

Poche volte, come dicemmo, la Giocasta di Seneca apparisce in iscena, e ce la vediamo dinanzi quando meno dovrebbe presentarsi al pubblico, quando essa è conscia del proprio incesto, quando questo a tutti è palese, e con cinica e ributtante leggerezza non teme di affrontare il figlio-marito, e di irriderlo e di rimproverarlo quasi, perchè non abbia saputo rassegnarsi ai voleri del Fato. Ma poi ad un tratto colla medesima indifferenza e leggerezza pensa di uccidersi, e dato di piglio ad un ferro si colpisce nel ventre.

Quanta delicatezza di sentimenti non troviamo all'opposto nel tragico greco! Il senso estetico e delicato per eccellenza del genio greco non potea immaginare di far comparire sulla scena un personaggio tanto compromesso nel pudore, e il pubblico non avrebbe tollerato una simile sconcezza. In Sofocle, dopo la rivelazione del pastore tebano, Giocasta si ritira senza strepito, e si dà dignitosamente la morte nelle sue stanze: e il pubblico lo sa perchè informato da un nunzio (ἄγγελος).

Altra sconcezza che si rileva nella tragedia di Seneca si è tutto quell'apparato di carni delle vittime, ancor palpitanti, sulla scena, e a tutta questa carnificina presiedere una fanciulla, Manto (personaggio che non abbiamo in Sofocle). I tragici greci della vittima 'pel sacrificio non presentano in pubblico altro che le bende e i fiori.

Un altro personaggio della tragedia, bistrattato da Seneca, si è Creonte, che in Sofocle ha un carattere pieno di nobiltà e di dignità, come quando si difende dalle accuse di fellonia che gli move Edipo. In Sofocle Creonte, dopo aver detto che, per essere cognato del re fratello della regina, e secondo, per così dire, nel regno, nulla avea da desiderare, contento di godere la stima e l'affetto de' suoi concittadini soggiunge:

τοῦτ' ἀλλ', ἐάν με τῷ τερασκόπῳ λάβῃς
κοινῇ τι βουλεύσαντα. μὴ μ' ἁπλῇ κτάνῃς
ψήφῳ, διπλῇ δε, τῇ τ' ἐμῇ καὶ σῇ, λαβών
γνώμῃ δ' ἀδήλῳ μήμε χωρίς αἰτιῶ,
οὐ γὰρ δίκαιον οὔτε τοὺς κακοὺς μάτην
χρηστοὺς νομίζειν, οὔτε τοὺς χρηστοὺς κακούς
φίλον γὰρ ἐσθλὸν ἐκβαλεῖν ἴσον λέγω
καὶ τὸν παρ' αὑτῷ βίοτον, ὃν πλεῖστον φιλεῖ.

(V. 605),

      „ Ove tu scopra
„ Che con l'augure accordo ebbi, o consulta,
„ Non con un sol, ma con due voti a morte,
„ Col tuo voto e col mio, mi dannerai;
„ Ma da te sol non accusarmi intanto
„ Per oscuro sospetto. Ingiusta cosa
„ È il giudicar sconsideratamente
„ Buoni i malvagi, o pur malvagi i buoni;
„ Cacciar poi da sè lunge il buon amico,
„ Pari estimo al gittar la propria vita. „

(Bellotti),

Il Creonte di Seneca è poco dignitoso, e fa una
difesa da uomo volgare più che da principe: „Che mi
manca, egli dice, perchè io abbia a congiurare contro
di te? Non ho io splendida mensa nella reggia? Non
sono rispettato abbastanza dai sudditi? „

„Solutus onere regio regni bonis „ (1) ecc.

Il Creonte della tragedia latina, fatto imprigionare
da Edipo, non ricomparisce più. Il Creonte di Sofocle
chiude l'azione tragica, e lo vediamo nella commoven-
tissima scena dell'addio di Edipo alle sue figliuole; —
scena che manca affatto nell'Edipo di Seneca; — di-
mentica le ingiurie patite, e l'animo suo nobile e grande non sente che la compassione per lo sventurato E-
dipo; e prevenendo il desiderio di lui, gli conduce le
figlie perchè le abbracci per l'ultima volta:

. . . . . ἐγὼ γὰρ εἰμ' ὁ πορσύνας τάδε,
γνοὺς τὴν παροῦσαν τέρψιν, ἥ σ' εἶχεν πάλαι.

(V. 1476).

. . . . . . Io presumendo il tuo
Desiderio amoroso, a te le addussi.

(Bellotti).

E di più ancora farebbe per Edipo se non temes-
se d'opporsi ai voleri della divinità:

τοῦ θεοῦ μ' αἰτεῖς δόσιν

(V. 1516).

Gli altri personaggi il cui carattere è così ben trat-
teggiato in Sofocle, da Seneca sono appena abbozzati.

(1) V. 700 e seg. già citati.

Così Tiresia che nella tragedia sofoclea ha una parte importantissima, e le cui rivelazioni conducono il dramma allo scioglimento, tantochè Edipo intravvede tutto l'abisso in cui sta per precipitare, in Seneca ha parte secondaria; e qui l'azione del Tiresia di Sofocle è divisa fra Tiresia e Creonte, sul qual Creonte piomba tutta l'ira di Edipo; qui Tiresia recita per così dire dietro la scena.

Il coro in Sofocle è dignitoso, assennato, nulla canta che sia fuori di luogo, *sta in carattere.* Il coro di Seneca è incastonato nel dramma e fa sfoggio di erudizione letteraria e mitologica: canta le lodi di Bacco durante la cerimonia dell'evocazione delle ombre, canto che non ci ha nulla a che fare (1).

Nella tragedia di Seneca è la fatalità che governa l'azione drammatica: non così si può dire dell'*Edipo Re* di Sofocle: non è il Fato che vi domina, bensì un concetto religioso: *Guai a chi tenta ribellarsi ai decreti dei Numi!*

Quanto ai pregi letterari delle due tragedie, quella di Sofocle è una delle migliori del tragico greco: dessa fu scritta in un' epoca felicissima della Grecia, quando la tragedia avea appunto con Sofocle toccato la sua perfezione.

Ma il principal carattere del dramma sofocleo si è quella mirabile *ironia*, per la quale i personaggi della tragedia, senza avvedersene, son tratti da una forza misteriosa a svelar cose, che vorrebbero tener occulte, e le discoprono appunto quando meno il dovrebbero. Così vediamo Edipo, che mai ha dubitato di se medesimo, che fin dal principio dell'azione tragica fa a fidanza colla propria coscienza, piombare nell'abisso dei dubbi, quando

(1) Anche in Euripide il coro non è collegato con l'azione drammatica, e spesso le stesse canzoni del coro possono servire per più tragedie.

più si crede invulnerabile sotto l'usbergo del sentirsi puro: e ciò perchè Giocasta, che per la prima intravvede la verità, cerca rassicurare il marito, di quanto egli poco prima non dubitava minimamente. Edipo è furibondo contro Tiresia, perchè lo accusa uccisore di Laio: in che modo Giocasta si fa a tranquillarlo e a disarmarne l'ira ? Col rammentargli l'incontro che Edipo ebbe con Laio in un trivio della Focide ;

καὶ τὸν μέν, ὥσπερ γ'ἡ φάτις, ξένοι ποτὲ
λησταὶ φονεύουσ'ἐν τριπλαῖς ἁμαξιτοῖς·

(V. 715).

..... Ed ecco a lui dan morte
(Come il grido n'andò) strani ladroni
Nel mezzo a un trivio ;

(Bellotti).

Ma quel *trivio* e quel *come il grido n'andò* sono per Edipo una rivelazione, e bastano a mettergli il dubbio nell'anima e agitarlo tutto.

οἷόν μ'ἀκούσαντ'ἀρτίως ἔχει, γύναι,
ψυχῆς πλάνημα κἀνακίνησις φρενῶν.

(V. 726).

Quale, o donna, in udirti agitamento
D'anima, e turba di pensier m'apprende.

(Bellotti).

Edipo è rassicurato alle spiegazioni ulteriori di Giocasta, ogni dubbio ha bandito dall'animo suo ; anzi, a meglio riconfermarlo nella certezza della sua innocenza, viene da Corinto l'annunzio della morte di Polibo, da Edipo creduto suo padre ; e a tale annunzio egli esclama :

4

φεῦ, φεῦ, τί δῆτ' ἄν, ὦ γύναι, σκοποῖτό τις
τὴν πυθόμαντιν ἑστίαν ἢ τοὺς ἄνω
κλάζοντας ὄρνεις, ὧν ὑφηγητῶν ἐγὼ
κτανεῖν ἔμελλον πατέρα τὸν ἐμόν;

(V. 964).

Oh! che più vale, o donna,
Di Delfo riguardar l'ara, gli augelli
Nell' aere stridenti, a' cui presagi
Esser del padre io l'uccisor dovea?

(Bellotti).

Vive però sempre Merope, la creduta madre di Edipo, il quale trema al pensiero che possa avverarsi la seconda parte dell'oracolo.

καὶ πῶς τὸ μητρὸς λέκτρον οὐκ ὀκνεῖν με δεῖ:

(V. 976).

Ma del letto materno e come ancora
Temer non deggio?

(Bellotti).

Ma il messaggero corintio è là per togliergli dall'anima anche questo timore; e, per ingraziarsi Edipo, gli rende il bel servigio di annunziargli che Merope non è punto sua madre, che Polibo non ebbe mai figli. Il Corintio si crede apportator di buona novella; tanto è vero che spera l'opera sua gli frutti doni, regali,

καὶ μὴν μάλιστα τοῦτ' ἀφικόμην, ὅπως
σοῦ πρὸς δόμους ἐλθόντος εὖ πράξαιμί τι.

(V. 1005).

E sì quà in vero io venni
Qualche favor da te sperando, al tuo
Tornar fra noi;

(Bellotti).

e reca invece la disperazione di Edipo, svelandogli il mistero della sua nascita, e con questo il duplice suo involontario misfatto.

Questa di Sofocle, che io chiamerei *ironia del Destino*, ci ricorda quella che costituisce il carattere essenziale del dialogo socratico. Non diversamente il grande filosofo facea dire ai Sofisti quello che non avrebbero voluto mai dire : non diversamente egli induceva i suoi interlocutori che si reputavano arche di scienza, a confessare la lor propria ignoranza ; con le stesse loro argomentazioni e conclusioni egli li confutava e confondeva.

Mirabile poi oltre ogni dire è la maestria onde Sofocle, profondo conoscitore del cuore umano, ci mette sott'occhio, come in un quadro, dipinto da abile artista, lo stato psicologico dei personaggi. L'anima di Edipo è un mare in tempesta, ove si agitano furiosamente gli affetti più contrari, in lotta continua fra loro ; lotta, che, calma dapprima, si fa sempre più accanita e terribile, man mano che l'azione si svolge e si avvicina alla catastrofe. Noi vediamo in principio Edipo, commosso e preoccupato dei mali che affliggono il suo popolo, non darsi pace nè di giorno nè di notte, soffrire perchè vede soffrire.

τὸ μὲν γὰρ ὑμῶν ἄλγος εἰς ἕν ἔρχεται
μόνον καθ'αὐτὸν κοὐδέν'ἄλλον· ἡ δ'ἐμὴ
ψυχὴ πόλιν τε κἀμὲ καὶ σ'ὁμοῦ στένει.
ὥστ'οὐχ ὕπνῳ γ'εὕδοντά μ'ἐξεγείρετε·
ἀλλ'ἴστε πολλὰ μ'νμε δακρύσαντα δή,
πολλὰ δ'ὁδοὺς ἐλθόντα φροντίδος πλάνοις

(V. 62).

Ciascun di voi si sente
Del proprio duol, non dell' altrui ; ma questa
Anima mia per me, per voi, per tutta

La città s'addolora. Ond' è ch' or desto
Non m'avete da sonno: assai di lagrime
Versato ho già; già col pensier trascorse
Ho molte vie.

(Bellotti).

Venuta da Delfo la risposta dell'oracolo, che dice esser l'uccisione di Laio la causa dell'ira dei Numi, e l'uccisore trovarsi in Tebe, un cambiamento succede nell'anima di Edipo: i suoi pensieri convergono tutti ad un solo, unico scopo, il discoprimento del reo. In quest'ordine si mantengono i suoi pensieri per tutto quasi il corso dell'azione tragica, fino al momento cioè che giunge la nuova della morte di Polibo. Fino a questo punto il protagonista della tragedia ha a cozzare con mille affetti tra loro opposti: il cozzo delle passioni, che lo sconvolgono tutto, lo acceca al segno da non fargli sospettar nemmen da lontano, nonchè vedere, l'abisso che sta per inghiottirlo. Giocasta che ha lucida la mente, perchè non ottenebrata dalla passione, ha molto prima di lui intravveduto l'orrendo stato delle cose, onde tanto più terribile sarà il colpo, che la rivelazione del nunzio corintio menerà sull'anima dell'infelice Edipo. Se Edipo fosse di fibra men forte, o se il dramma fosse moderno, egli morrebbe fulminato, impazzirebbe, o si darebbe di propria mano la morte, come Giocasta. Ma colla morte, o colla pazzia Edipo non avrebbe abbastanza scontato la duplice colpa. Edipo si acceca e vorrebbe anche, se fosse possibile, privarsi del senso dell'udito, per non vedere e udire più nulla;

ἀλλ'εἰ τῆς ἀκουούσης ἔτ' ἦν
πηγῆς δι'ὤτων φραγμός οὐκ ἄν ἐσχόμην
τό μή 'ποκλῇσαι τοὐμόν ἄθλιον δέμας,
ἵν' ἦν τυφλός τε καί κλύω μηδέν.

(V. 1386).

Se dell' udito anco la fonte
Fosse modo a turar, non mi terrei
Che in me quella pur anco non chiudessi,
Per veder nulla e nulla udir;

(Bellotti).

tanto è inorridito delle sue colpe, quatunque involontarie; ma non si uccide; impreca alla sua esistenza, al giorno, al luogo, che lo videro nascere, ma non s'uccide, forse perchè era compreso del sentimento di dover espiare le più abominevoli delle colpe coll'andar ramingo e cieco; supplizio ben maggiore di qualsiasi genere di morte, supplizio che gliene ricordava sempre la causa, onde non cessava mai d'inorridire; non si uccide perchè così vogliono i Numi.

La tragedia di Seneca, l'*Edipo*, del pari che tutte le altre che si attribuiscono al poeta e filosofo latino, è una composizione fredda e pedantesca, in causa delle frequenti descrizioni fatte in modo declamatorio e altitonante, e della copia di sentenze filosofiche, che ad ogni piè sospinto vi si rinvengono. Quà e là però si ammira, specie nei cori, qualche passo che attesta la non assoluta mancanza di estro poetico e di lirico ardore. Veggasi la descrizione, che fa il coro, delle sciagure di Tebe

Quid Cadmei fata nepotis ecc.

(V. 751).

nonchè le altre strofe che contengono la descrizione dell' avventura di Dedalo e d'Icaro:

Fata si liceat mihi ecc.

(V. 903).

Ma sono ben pochi questi pregi, e mal possono compensare i molti difetti, ond' è piena la tragedia di Seneca.

ERRATA   CORRIGE

Pag.	Lin.		
24	8	ἀννὶ	ἀντὶ
”	”	ζένην	ξένην
25	27	ψφυγόντι	φυγόντι
”	29	καταχατανεῖν,	καταχτανεῖν,
38	19	ὕστις	ὅστις
”	”	ξὸν	ξὺν
29	29	εἴγασμένα	εἴργασμένα
31	28	τηδέν'	μηδέν'